ACADÉMIE DE MÉDECINE

DES
ÉMANATIONS DES EAUX D'ÉGOUT

CONSIDÉRÉES AU POINT DE VUE DE LA PROPAGATION

DES MALADIES CONTAGIEUSES

DISCOURS

PRONONCÉ A L'ACADÉMIE DE MÉDECINE LE 6 MARS 1877

PAR

M. H. BOULEY

Président de l'Académie de médecine

PARIS
G. MASSON, ÉDITEUR
LIBRAIRE DE L'ACADÉMIE DE MÉDECINE
10, RUE HAUTEFEUILLE (INSTALLATION PROVISOIRE)
1877

DES
ÉMANATIONS DES EAUX D'ÉGOUTS

CONSIDÉRÉES AU POINT DE VUE

DE LA PROPAGATION DES MALADIES CONTAGIEUSES

Messieurs, avant d'aborder la question principale que je me propose de discuter aujourd'hui, je demande à l'Académie la permission de consacrer quelques instants à celle qui m'est personnelle ; et comme je suis résolu à ne pas sortir des limites dans lesquelles Horace prescrit de se maintenir, quand on veut rester juste, j'ai pris la précaution de faire passer par ma plume ce que je me proposais de dire, de peur d'un retour au galop de ce que Boileau appelait le *naturel*. La situation dont vous m'avez honoré m'oblige, et je ne veux pas manquer à cette obligation en donnant à ce débat le caractère *dramatique* qu'on a craint ou espéré de lui voir prendre par mon intervention.

Sans autre préambule j'entre en matière.

Dans la note qu'il vous a lue, le 20 février dernier, en réponse aux quelques observations dont j'avais accompagné la présentation que j'ai faite, à l'Académie des documents relatifs à l'assainissement de la Seine, M. Gueneau de Mussy n'a pas su se défendre d'une certaine irritation qui s'est traduite par du persiflage à mon égard.

M. Gueneau de Mussy s'est servi là d'un procédé qui a le grave inconvénient d'entraîner, presque toujours, celui qui l'emploie à des manquements envers la justice et la vérité.

J'en appelle à M. Gueneau de Mussy lui-même : n'a-t-il pas été forcé, pour essayer de faire rire à mes dépens, de me prêter des pensées et des paroles qui n'étaient pas les miennes? Et agir ainsi n'est-ce pas s'écarter du juste et du vrai?

Rétablissons les faits.

Une doctrine a été épousée par M. Guéneau de Mussy; d'après elle, les eaux d'égout seraient contagifères, et les propriétés contagieuses qu'elles devraient aux matières morbides dont elles sont le réceptacle, se traduiraient par des effets *démontrés* sur les personnes exposées à leurs émanations.

J'ai opposé à cette doctrine, j'allais dire innocemment, mais ce ne serait pas tout à fait exact, des faits qui me paraissaient lui être contradictoires. J'ai dit qu'en général, la santé des ouvriers égoutiers et vidangeurs était bonne, et que, dans les temps d'épidémie contagieuse, on ne voyait pas les cas morbides, se rattachant aux épidémies régnantes, se multiplier parmi eux, proportionnellement à l'intensité accrue de l'influence que devraient exercer sur eux les émanations des eaux d'égout et des fosses d'aisances, dans lesquelles les matières contagieuses se trouvent, à ce moment, accumulées en plus grande quantité.

J'ai dit aussi que, malgré la fréquence des promenades qu'il est devenu de mode de faire dans les grandes galeries des égouts de Paris, qui constituent un véritable monument curieux à visiter, on n'avait pas remarqué que ces voyages de navigation souterraine eussent eu des conséquences fâcheuses, au point de vue des contagions, sur les personnes du monde, c'est-à-dire sans accoutumance, qui n'avaient pas craint de s'exposer aux émanations des eaux impures sur lesquelles on les avait fait naviguer.

Voilà ce que j'ai dit.

Voici maintenant ce que me prête M. Gueneau de Mussy pour les besoins de son procédé :

Il transforme en dithyrambe, en l'honneur des égoutiers, les paroles si simples que j'ai dites au moment de ma présentation des documents officiels. Mais à ce compte nous serions donc tous *dithyrambiques*, sans le savoir, et plusieurs fois par jour, toutes les fois qu'à la question banale : « Comment vous portez-vous ? » nous répondons : « Mais fort bien ! » J'avoue que je m'étais fait, jusqu'à présent, une tout autre idée de ce mode antique de chanter la gloire d'un Dieu !

Mais le procédé adopté par M. Gueneau de Mussy lui commandait cette exagération, il fallait bien amener les phrases à effet qui suivent et donner à penser, pour donner à rire, que, dans mon exaltation, je n'étais pas loin de conseiller, comme moyen hygiénique, l'inhalation de ce qui se dégage des égouts.

M. Gueneau de Mussy a oublié, en argumentant ainsi contre moi, que les *bons* mots ne sont pas plus des raisons que les *gros*, surtout dans une question aussi sérieuse et aussi importante que celle que nous avons à débattre. Je me garderai donc bien d'imiter mon honorable contradicteur. Le moyen est trop facile du reste; et j'espère bien que je vais pouvoir en trouver d'autres pour soutenir devant l'Académie l'opinion, non pas que la doctrine à laquelle M. Gueneau de Mussy s'est rallié, est erronée, ce n'est pas là mon but; mais que, comme elle laisse, en dehors d'elle, un certain nombre de faits qui la contrarient, la preuve n'est pas donnée que cette doctrine est vraie et qu'il n'y a plus aujourd'hui qu'à s'incliner devant elle comme devant l'évidence.

Voilà le terrain sur lequel je veux me placer et rester. Je ne nie rien, mais je doute. Je doute parce qu'on ne me fournit pas les preuves qui forcent les convictions : preuves cliniques et preuves expérimentales. C'est ce que je vais démontrer, je l'espère bien tout au moins.

Et à ce propos, je crois devoir revenir sur une observation que j'avais faite en présentant les documents officiels : observation que j'avais intentionnellement omis de reproduire dans le bulletin imprimé, pour éviter de froisser M. Gueneau de Mussy; mais il s'en est souvenu, car il y fait plusieurs fois allusion dans sa réplique, ce qui me donne à penser qu'elle en est le motif principal, et que c'est elle qui a mis en jeu la susceptibilité quelque peu irritable de mon honorable confrère.

J'avais dit que, « dans les choses d'observation, nous nous laissions volontiers aller à donner nos inductions pour des preuves », — et non pas nos déductions, comme M. Gueneau de Mussy me le fait dire à plusieurs reprises.

Sans vouloir faire montre de purisme, il y a ici une *nuance* assez forte pour qu'il me paraisse nécessaire de rétablir exactement ce que j'avais dit, d'autant que cette pensée va être la base de mon argumentation.

La doctrine adoptée par M. Gueneau de Mussy est, en effet, tout *inductive*, c'est-à-dire qu'on l'a établie, en induisant la cause probable des phénomènes observés, de leur mode de manifestation ; et non pas en déduisant de la connaissance certaine de la cause, que les phénomènes observés en étaient les effets certains.

Pour bien faire comprendre ma pensée, je prends un exemple et je l'emprunte à la médecine expérimentale.

Deux maladies règnent dans les magnaneries et constituent, pour l'industrie séricicole, les plus redoutables fléaux. Avant qu'on en eût fait l'étude expérimentale, on avait induit des rapports qu'on avait cru saisir, qu'elles étaient dépendantes des conditions hygiéniques mauvaises dans lesquelles on faisait vivre les vers.

Notre savant et *fidèle* confrère M. Pasteur est intervenu, et, avec sa justesse de vues habituelle, il a établi expérimentalement, pour chacune de ces maladies, la cause certaine à laquelle on devait la rattacher.

En produisant expérimentalement la *pébrine* d'une part et la *flacherie* de l'autre, M. Pasteur a pu déduire, avec une très-grande rigueur, qu'elles étaient l'effet d'une condition rigoureusement déterminée pour chacune.

Est-ce ainsi qu'a procédé l'auteur allemand qui a introduit dans la science la doctrine dont M. Gueneau de Mussy s'est fait le soutien devant vous ?

Je ne le crois pas.

Cette doctrine est encore inductive ou, tout au moins, me semble n'être encore que telle, si j'en juge par l'argumentation de M. Gueneau de Mussy.

Comment a-t-on procédé, je ne dirai pas pour établir, mais pour admettre que les égouts étaient la voie de la contagion dans tel ou tel cas ?

On est parti de cette prémisse : les eaux d'égout sont chargées de matières morbides qui proviennent des maisons où existent des malades.

Et, par induction, on a été amené à admettre que les émanations des eaux chargées de ces matières pouvaient transmettre la maladie.

Sous l'influence de cette idée, on a examiné les choses; on a établi des rapprochements, des rapports; et, prenant en considération surtout les faits confirmatifs, on a formulé la loi.

Mais les faits infirmatifs, en a-t-on tenu compte?

A-t-on cherché à expliquer comment, malgré leur signification contraire, la théorie cependant ne laissait pas que de rester vraie?

Je pose la question, et j'ajoute que je doute qu'on ait eu un souci suffisant de ces faits, autrement tout le monde serait converti à la théorie adoptée par M. Gueneau de Mussy.

Or une théorie étiologique ne peut être acceptée qu'autant qu'elle montre la cause admise, toujours fidèle à elle-même, ou que, lorsque cette cause paraît infidèle, c'est-à-dire non active dans le sens de la théorie, on donne l'explication de ce qui est ou, tout au moins, de ce qui paraît contradictoire avec la théorie dans le mode d'évolution des faits.

Je prends un exemple :

Voici une caserne où se développe la fièvre typhoïde.

Le grand collecteur passe à son voisinage.

Voilà le rapprochement transformé en rapport causal. Soit.

Mais ce grand collecteur ne passe pas que devant la caserne. Pourquoi le long de son parcours y a-t-il des maisons qui sont épargnées?

Pourquoi la cause qui circule avec l'eau du collecteur fait-elle son choix? J'avoue qu'il y a pour moi quelques motifs de doute dans cette irrégularité d'action d'une cause.

Voici d'autres faits que je demande à la théorie de m'expliquer pour que je lui devienne croyant :

Si les émanations des égouts sont nuisibles, comme M. Gueneau de Mussy l'affirme, leur action nocive doit se manifester d'autant plus que les conditions de son intensité sont plus grandes.

Or, a-t-on constaté que, dans les épidémies, c'était dans les maisons situées au-dessus des bouches d'égout que les cas morbides se manifestaient d'abord et se multipliaient de préférence; et cela d'autant plus que les émanations des bouches se faisaient sentir plus intenses?

Les habitants de la boutique et du rez-de-chaussée, par

exemple, sont-ils plus exposés que ceux du premier étage, ceux-ci plus que ceux du deuxième et ainsi de suite jusqu'en haut ?

Si la théorie est vraie, il me semble que la preuve doit en être donnée par des observations recueillies dans les conditions que je viens de préciser. Les a-t-on faites ?

M. Gueneau de Mussy m'a dit, dans sa réplique du 20 février, « qu'il me soupçonnait de n'avoir pas pris la précaution de lire une série de travaux qu'il énumère, avant de critiquer l'opinion contraire à la mienne ». Son soupçon était parfaitement fondé ; il est certain que je n'avais pas tout lu, et j'ajoute que je n'en avais pas besoin, car mon rôle n'était pas celui que m'a prêté M. Gueneau de Mussy. Je n'avais d'autre but que d'introduire devant l'Académie quelques faits dont je disais, en les rappelant, « qu'il y aurait lieu d'en tenir compte dans l'appréciation de l'influence que les eaux d'égout peuvent exercer sur la santé publique ».

Maintenant, messieurs, est-ce que par hasard M. Gueneau de Mussy lui-même mériterait d'être soupçonné, sinon de n'avoir pas lu, au moins d'avoir mal lu l'un des auteurs dont il invoque le plus les travaux à l'appui de l'opinion qu'il a adoptée relativement à l'influence nuisible des émanations des égouts, qui sont en communication avec l'atmosphère des rues et avec celles des maisons ?

Je me suis procuré l'ouvrage de Murchison et ce n'est pas sans quelque étonnement que j'y ai lu une opinion tout à fait opposée à celle que lui a prêtée M. Gueneau de Mussy. Ici, Messieurs, je dois citer textuellement, pour ne pas être accusé de mal interpréter la pensée de l'auteur anglais. Ouvrez son livre à la page 487 et vous y lisez : — Je traduis presque littéralement :

« Si les égouts, dans leur rapport avec la fièvre typhoïde, devaient être regardés simplement comme les véhicules de la transmission, par les déjections typhoïdes, dans toutes les épidémies on devrait s'attendre à ce que la fièvre sévît particulièrement dans les maisons qui communiqueraient le plus librement avec les égouts publics. *Cependant c'est le contraire qu'on observe souvent.* Prenons, par exemple, le rapport officiel adressé

au Conseil privé sur l'épidémie de la fièvre à Forest-Hill, en 1869 : « La prédominance de la fièvre typhoïde a été en rapport
» très-évident, dit ce document, avec des dispositions défec-
» tueuses d'égout. Là où les maisons *étaient reliées avec les égouts*
» *publics, le nombre des cas de fièvre typhoïde n'a pas dépassé le*
» *minimum.* Là, au contraire, où les maisons n'avaient que des
» fosses d'aisance, ou étaient reliées à des égouts qui ne fai-
» saient partie d'aucun système convenable de drainage, ou qui
» étaient d'une construction et d'une forme radicalement défec-
» tueuses; en un mot qui n'étaient que des fosses d'aisance
» en cul-de-sac, alors la fièvre typhoïde a atteint son maxi-
» mum. »

Il demeure évident, d'après ce passage, que Murchison n'incrimine pas, comme M. Gueneau de Mussy l'a cru sans aucun doute, les systèmes bien organisés de drainage des grandes villes que représentent les égouts construits comme ceux de Paris, par exemple, mais seulement les cloaques où s'accumulent les matières organiques, cloaques qui, suivant lui, seraient pour les maisons exposées à leurs émanations, la condition pour que les épidémies régnantes y revêtent un caractère d'intensité plus grande. Il y a loin de cette manière de voir à celle que M. Gueneau de Mussy attribue à cet auteur. Loin que la communication des maisons avec les égouts publics soit dangereuse, elle serait, d'après Murchison, la condition de leur assainissement, au point de vue des épidémies. Et cela se comprend, car les égouts bien construits, avec une pente suffisante, comme le sont ceux de Paris, entraînent dans leur courant les matières qu'elles charrient et les portent au loin. Et, à ce point de vue, plus les égouts sont grands plus ils sont sains, en raison de la plus grande masse d'eau qui y circule, de la rapidité plus grande de son cours, et de la facilité plus grande aussi du curage avec des appareils plus parfaits.

Rien ne semble donc justifier l'induction qui fait du voisinage du grand collecteur un voisinage nuisible. Les petits égouts sont, à ce point de vue, bien plus incriminables que les grands.

Mais, dit M. Gueneau de Mussy, les bouches d'égout laissent échapper des émanations qui sont, pour l'atmosphère des rues, une cause d'infection. Il demeure incontestable, je le reconnais, que ces émanations, fortement odorantes, sont très-désagréables à l'odorat; mais ce serait une erreur de croire qu'elles sont nuisibles proportionnellement au désagrément qu'elles causent. Peut-être même est-ce la proposition inverse qui est la vraie? Je reviendrai tout à l'heure sur ce point, qui est peut-être moins paradoxal qu'il n'en a l'air.

Je ne vois pas qu'on ait donné la preuve certaine de la nocuité, surtout au point de vue de la contagion, des émanations des égouts, quand ils sont bien construits et adaptés, comme il convient, à leur usage. Murchison, si fortement invoqué par M. Gueneau de Mussy, proteste contre cette manière de voir; on l'a vu par la citation que je viens de faire d'un passage de son livre.

Les maisons situées au voisinage des bouches d'égout protestent, je ne dirai pas par l'immunité des habitants contre toutes les contagions; mais par ce fait que, malgré celles qui, d'après la théorie, s'échapperaient des égouts, les cas de maladies épidémiques et contagieuses n'y sont pas plus nombreux qu'ailleurs. Enfin les égoutiers protestent eux aussi, non pas par cette santé *irréprochable* qu'on prétend que je leur ai attribuée, mais par ce fait, d'une valeur probative très-grande, ce me semble, que « dans les temps d'épidémies contagieuses, le nombre des cas de la maladie régnante ne se développe pas chez les égoutiers dans une proportion accrue, qui serait l'expression de l'intensité augmentée de la cause à laquelle, d'après la théorie, leur état les expose incessamment ». Ce point là est, je crois, incontestable.

Parent-Duchatelet, dont on reconnait toujours l'autorité dans ces questions, prétend même que les égoutiers ont une moyenne de vie supérieure à celle des autres ouvriers.

Contre ces faits, que peut le persiflage? Que peut la peinture, un peu trop chargée en couleur « de ces malheureux au teint have et plombé, qui sortent de leurs trous d'égouts »? Cela fera-t-il qu'au moment où règnent, dans la ville, des maladies contagieuses, ces maladies sévissent sur la population des égoutiers avec l'intensité de nombre et de gravité, qui devrait être, si la théorie était vraie, au point de vue de l'influence des émanations? La *cause* accrue devrait, ce me semble, se traduire par des effets augmentés.

Mais, dit M. Gueneau de Mussy, les égoutiers ne sont pas exempts de la fièvre typhoïde, et il emprunte des chiffres à une statistique anglaise. A cette statistique j'opposerai ce que l'on observe à Paris, et qui ressortira du relevé que M. Belgrand fait faire actuellement dans ses bureaux. Et puis la question n'est pas de savoir s'il y a des égoutiers qui contractent la fièvre typhoïde. Pour être un égoutier on n'en est pas moins homme, et ils peuvent tomber malades de cette maladie, tout comme dans les autres professions, sans que ces manifestations puissent être rattachées forcément, comme à leur condition fatale, à leur profession même. La contractent-ils plus que les autres ouvriers, et proportionnellement, sous le double rapport du nombre et de l'intensité, avec l'accumulation dans les eaux d'égout d'une plus grande quantité de matières morbides, comme cela se produit dans les temps d'épidémie? Voilà ce que je demande. A cela M. Gueneau de Mussy répond très-habilement, et avec quelque peu de subtilité, que les égoutiers ont une grâce d'état qu'ils doivent à l'accoutumance, laquelle serait produite par une sorte d'inoculation préventive résultant de l'action lente, graduelle du poison.

Si M. Gueneau de Mussy était conséquent avec lui-même, c'est lui qui devrait maintenant conseiller, de temps à autre, une promenade hygiénique dans les égouts, pour faire bénéficier ceux qui l'entreprendraient de cette action salutaire de leurs émanations, grâce auxquelles l'organisme aguerri pourrait être mis à l'abri de la fièvre typhoïde. Et loin de se plaindre de ce que les égouts dégagent par les mille bouches ouvertes dans l'atmosphère de nos rues leurs vapeurs souterraines, il devrait s'en montrer satisfait. Qui sait si ce n'est pas à cette action lente, graduelle du poison des égouts, diffusé dans l'air de Paris, que les habitants de cette ville doivent d'être moins exposés aux atteintes de la fièvre typhoïde que les nouveaux venus ?

Je soumets cette manière de voir, conforme à sa doctrine, à M. Gueneau de Mussy.

Si les eaux d'égout sont chargées des agents morbides *en*

pleine activité et susceptibles de se répandre dans l'air, comment l'épandage, aujourd'hui si employé, de ces eaux n'est-il pas suivi, dans les localités où on l'opère, de la manifestation des maladies régnantes dans les villes?

Sans doute ces localités n'en sont pas exemptes; mais ce dont je suis frappé, c'est qu'il n'y a aucune proportion entre l'intensité d'action de la *cause* admise et le nombre, comme l'intensité, de ses effets.

A Gennevilliers, par exemple, le nombre des cas de fièvre typhoïde est loin d'être en rapport avec ce que devrait produire l'irrigation, si l'eau d'égout était nocive par ses émanations contagieuses.

A ce propos je signalerai, dans la note de M. Gueneau de Mussy, une confusion entre deux choses qui ne doivent pas être confondues.

La question est de savoir, pour le moment, si les eaux d'égout peuvent être nuisibles par les agents des contagions qu'elles laisseraient dégager dans l'air; en d'autres termes, si ce que l'on appelait autrefois la contagion *volatile* peut en procéder.

M. Gueneau de Mussy invoque sur ce point des renseignements qui lui ont été donnés par des médecins exerçant dans les localités situées en aval du grand collecteur; ces renseignements ont rapport à l'action nuisible des vases que le grand collecteur dépose dans le lit du fleuve et sur ses rives.

Que la Seine soit infectée par les eaux d'égout; qu'elle soit transformée en une sorte de marécage, dans une certaine partie de son parcours; qu'il se dégage du limon de ses rives, quand les eaux viennent à baisser, des effluves nuisibles, cela n'est pas douteux, et c'est à prévenir cet envasement et cette souillure de la Seine que tendent actuellement tous les efforts. Mais ces faits sont d'un autre ordre que les faits de contagion par les émanations des eaux d'égout; revenons-y.

Si les eaux d'égout laissent dégager incessamment des vapeurs contagieuses et en proportion de l'intensité des maladies contagieuses régnantes, les habitants des maisons riveraines des canaux, dans les villes de Hollande, doivent être exposés, beaucoup plus que les autres, à contracter ces maladies, car les canaux de ces villes, si charmantes en peinture, leur servent d'égout. L'odeur qui s'en dégage n'en témoigne que trop.

Les observations faites dans ces villes sont-elles confirmatives de la doctrine ?

Si M. Gueneau de Mussy est embarrassé pour me répondre, je puis lui venir en aide. Qu'il invoque l'accoutumance et tout sera dit.

C'est sans doute elle aussi qui met à l'abri de la contagion les milliers d'habitants de Paris qui, les jours de grandes fêtes de Versailles, vont assister au merveilleux spectacle du jeu de ses eaux ?

Vous savez qu'elles sont puisées dans la Seine, par la machine de Marly, bien avant que les matières organiques déchargées par le grand collecteur aient eu le temps de s'oxyder.

Quelles conditions redoutables pour la diffusion de la contagion, que la dispersion des eaux de la Seine, souillées par celles des égouts, en mille jets aériens, d'où doivent se dégager et des vapeurs et des poussières d'eau essentiellement contagieuses d'après la théorie ? Ici encore a-t-on recueilli des faits confirmatifs des inductions de la doctrine ?

Mais les eaux d'égout ne seraient pas seulement dangereuses par leurs émanations ; elles le seraient aussi par leur mélange avec les eaux potables.

Ceci devient une autre affaire, et M. Gueneau de Mussy n'a plus aucun motif de me prendre à partie. Dans les observations que j'ai faites à l'Académie, en présentant les documents officiels, je n'avais en vue que l'influence des émanations des eaux d'égout sur la santé des personnes qui y sont exposées, soit par les nécessités de leur profession, soit autrement.

A cette occasion M. Gueneau de Mussy m'oppose le fait de Croydon. Mais je n'ai jamais prétendu que ce fût une bonne chose d'aller se désaltérer au courant des eaux impures des égouts, et l'on peut affirmer, avec une complète certitude, que les égoutiers vont ailleurs étancher leur soif.

Le fait de Croydon est donc tout à fait en dehors de la question des émanations et de leurs effets.

Après tout, quelqu'opinion qu'on puisse avoir, et même sans en avoir aucune, sur le transport des contagions par les cours d'eau charriant des matières morbides, il est un point sur lequel l'accord ne peut pas manquer de se faire, c'est qu'il n'est pas bon que les eaux impures des égouts soient versées en nature dans les eaux des fleuves destinés à fournir leurs eaux potables aux populations.

Cela dit, je reviens aux influences qu'exerceraient les émanations des égouts sur la diffusion des contagions.

Cette influence est-elle prouvée? Non, ce me semble. Les faits que je viens de rappeler contrarient absolument la théorie sur ce point.

Or, si la démonstration n'est pas faite de l'action contagieuse des émanations des égouts, ne doit-on pas s'abstenir d'affirmations aussi graves que celles que l'on formule d'après la théorie?

A-t-on le droit de dire affirmativement, dans l'état actuel de la question, que le noir torrent qui coule sous nos pieds laisse incessamment dégager des vapeurs chargées de principes contagieux qui font irruption par toutes les bouches des égouts?

J'émets des doutes à cet égard. Est-ce que je n'y suis pas autorisé?

Cette théorie, je le répète, est toute d'induction; elle procède d'une idée *à priori*; elle en cherche la preuve, et, quand elle rencontre des faits qui semblent lui donner raison, elle s'en empare, s'asseoit sur eux, et néglige tous les autres.

Je ne dis pas que la méthode d'induction doive être rejetée. Loin de là; elle nous est nécessaire pour procéder aux recherches dont l'observation est l'instrument principal, et souvent même forcément exclusif.

Mais il faut s'abstenir, je crois, des affirmations quand la preuve n'est pas faite, complète, irréfragable.

Cela m'amène à envisager la question des eaux d'égout à un autre point de vue.

L'induction vous a conduit à admettre que les vapeurs qui s'en dégagent pouvaient entraîner avec elles les agents de la contagion.

L'induction peut autoriser une opinion tout opposée.

Que se passe-t-il dans les eaux d'égout? Une fermentation

plus ou moins active, suivant les saisons, dont le résultat est le retour de la matière organique à l'état minéral.

Or, l'expérience témoigne que la putréfaction est une condition d'extinction de l'activité virulente dans la matière organique.

Témoin les expériences de M. Davaine sur la septicémie. Lorsque la matière qui a des propriétés si subtiles à l'état septique est putréfiée, elle perd son activité, activité si grande qu'elle se manifeste dans des dilutions au millionième et au billionième.

Ainsi en est-il de tous les virus, le virus vaccin notamment, qui cesse d'être efficace lorsque la matière organique qui le recèle répand une odeur putride.

On sait que les piqûres anatomiques sont bien plus redoutables lorsque le cadavre est à l'état septique que quand il est à l'état putride.

Voilà pourquoi je disais, tout à l'heure, que les exhalaisons des bouches d'égout seraient peut-être moins dangereuses, dans l'hypothèse de la contagion, quand elles sont très-fétides, parce que cette fétidité implique un travail de fermentation plus actif dans les eaux du courant souterrain.

Mais dans cette question de la contagiosité des eaux d'égout, pourquoi ne pas demander à l'expérimentation les éclaircissements qu'elle peut donner.

Les matières contagieuses restent-elles actives dans les eaux d'égout, en mouvement et en stagnation ?

Si oui, cette activité est-elle la même dans toutes les saisons ?

Combien de temps se maintient-elle ?

Des virus à action connue, comme la morve et le charbon, pourraient servir à cette expérimentation.

On pourrait aussi expérimenter sur les vapeurs en suspension dans les galeries des égouts, en les condensant par des appareils réfrigérants et en recherchant si elles renferment des principes actifs.

Pour ce qui me concerne, j'ai déjà obtenu quelques résultats dans l'ordre d'idées que j'indique ici.

Après le siége de Paris, les fumiers accumulés dans les cours des abattoirs furent infectés par leur mélange avec ceux qui provenaient des animaux affectés de la peste bovine, qu'on introduisit dans la ville au moment du ravitaillement.

Que faire de ces fumiers? Si on autorisait leur transport chez les cultivateurs, n'allaient-ils pas devenir les instruments de la diffusion de la peste dans toutes les directions où ils seraient charriés.

L'induction me conduisit à admettre que la fermentation intérieure des fumiers devait être la condition de leur complet assainissement, au point de vue de la contagion. Et cette induction a été confirmée par l'expérimentation. Quand on enfouit dans un tas de fumier, dont la température peut s'élever jusqu'à 70 degrés, des débris d'animal morveux, cloison nasale, poumons, muscles, ils y subissent une véritable coction et deviennent complétement inertes, au point de vue de la contagion.

Cela me conduit à la question des fosses d'aisances que l'on admet, par induction, être des foyers d'où la contagion se dégage incessamment.

La démonstration expérimentale a-t-elle été donnée de la justesse de cette proposition?

Que sont les fosses d'aisances? Des cuves où la matière organique, en fermentation incessante, est ramenée à l'état minéral.

Témoin les gaz qui s'en dégagent : hydrogène sulfuré, hydrogène phosphoré, hydrogène carboné, ammoniac, acide carbonique, azote libre, tous produits de la décomposition des matières albuminoïdes.

Cette fermentation n'est-elle pas, comme pour les fumiers, la condition de l'assainissement des matières de ces fosses, au point de vue de la contagion?

L'induction autorise à poser cette question, et il y a quelques probabilités en faveur de sa solution affirmative, quand on considère qu'à l'endroit des contagions, les ouvriers vidangeurs et ceux qui travaillent, dans les dépotoirs, les matières des fosses, jouissent d'une immunité assez grande. Non pas qu'un ouvrier vidangeur ne soit jamais atteint des épidémies contagieuses régnantes; mais il est certain que le nombre des cas de ces maladies, parmi eux, ne croît pas proportionnellement à l'intensité de ces épidémies. Ce qui devrait être, cependant, si les matières organiques, possédant des propriétés contagieuses, conservaient longtemps leur activité, une fois qu'elles sont tombées dans les fosses.

La pratique agricole des pays flamands établit la forte présomption que cette activité ne tarde pas à être détruite par la fermentation.

On sait qu'il est d'usage, dans ces pays, d'épandre l'engrais humain en nature sur les champs.

Si cette pratique demeure sans conséquence fâcheuse pour les habitants, c'est que la fermentation a dû destituer la matière organique de ses propriétés actives, au point de vue de la virulence, comme dans les expériences de M. Davaine.

Il y aurait ici encore à recourir à l'expérimentation pour juger cette question par des faits, au lieu de se borner à des inductions qui, on le voit, peuvent être contradictoires.

Faire marcher de pair l'observation et l'expérimentation, ou, pour mieux dire, quand les faits sont observés, vérifier, le plus possible, par l'expérimentation les inductions auxquelles l'observation a conduit : voilà, ce me semble, la ligne à suivre aujourd'hui pour arriver à la découverte et à la démonstration de la vérité. Les résultats des expériences faites dans cet ordre d'idées, que M. Jules Guérin a communiqués récemment à l'Académie des sciences et à l'Académie de médecine, permettent d'espérer qu'en suivant cette marche, la question de la contagion de la fièvre typhoïde sortira du vague des inductions.

Je n'ai plus que quelques mots à ajouter avant de terminer.

Au moment où se pose devant l'opinion publique la question si grave de l'assainissement de la Seine, question à la solution complète de laquelle se rattachent tout à la fois les intérêts de l'hygiène et de la fortune publiques, je crois qu'on ne saurait mettre trop de prudence dans l'appréciation que l'on fait des choses, et qu'il faut s'abstenir de formuler des affirmations absolues, comme l'a fait M. Gueneau de Mussy, quand on n'a pas tous les éléments de la preuve.

Dans les circonstances actuelles, la ville souille son fleuve de toutes les eaux impures qu'elle y dégorge par son grand collecteur, et le fleuve ainsi saturé ne parvient à se purifier des matières organiques qu'il tient en suspension ou en dissolution qu'après un très-long trajet. A Mantes, Mantes la jolie, l'eau de la Seine contient encore en dissolution, d'après les analyses très-fidèles de M. Schlœsing, une quantité très-appréciable de l'urée parisienne.

Cette purification si lente de la Seine se produit, d'une part, par l'oxydation des matières organiques dissoutes, et de l'autre par le dépôt, soit dans le lit du fleuve, soit sur ses bords, des matières vaseuses en suspension qui forment des alluvions marécageuses d'où se dégagent, dans la saison chaude et quand les eaux viennent à baisser, des effluves dont la santé des riverains se ressent.

Au point de vue complexe de l'hygiène, de l'esthétique, dirai-je même, et de la valeur des propriétés en aval du fleuve, rien de plus déplorable que l'état de choses actuel.

Aussi rien n'est-il plus urgent que d'y porter remède.

Pour cela il n'y a qu'un seul moyen pratique, moyen sûr, moyen efficace et qui, avec les progrès de l'éducation publique, deviendra économique un jour : c'est de faire passer les eaux impures par le sol avant de les restituer au fleuve.

Le sol ne fait pas seulement l'office d'un filtre qui retient à sa surface et jusqu'à une certaine limite dans sa profondeur les matières solides, il fonctionne aussi comme appareil comburant des matières organiques solubles. Son activité comburante est telle, qu'il peut aller jusqu'à les nitrifier.

Et si on lui donne le temps de fonctionner en ne déversant dans un temps donné que la quantité sur laquelle son action comburante peut s'exercer d'une manière complète, l'eau qui en sort est non-seulement filtrée, c'est-à-dire débarrassée des matières solides en suspension, mais elle est encore épurée, c'est-à-dire débarrassée des matières organiques en dissolution.

De fait, les eaux de source ne doivent leur pureté proverbiale qu'à cette double action exercée par le sol sur les eaux tombées à sa surface.

Mais pour faire passer les eaux d'égout par le sol, il faut une grande étendue de terrain.

La presqu'île de Gennevilliers, où l'expérience de l'épuration se fait en grand depuis une quinzaine d'années, ne présente pas une surface suffisante pour que toutes les eaux de Paris puissent y être déversées.

Il faut donc gagner une autre étape.

Dans l'avant-projet soumis par la Ville à la commission que j'ai eu l'honneur de présider, c'est la presqu'île de Saint-Germain, au nord-est de la forêt, qui doit être cette deuxième étape pour le déversement des eaux d'égout de la ville.

La constitution géologique du sol se prête merveilleusement à la fonction d'appareil épurateur qu'on veut lui faire remplir. D'après M. Delesse, qui est une autorité en cette matière, le sol, dans cette région, est sablonneux et caillouteux dans une épaisseur de près de 20 mètres.

C'est là, comme on le voit, un filtre tout préparé et merveilleusement disposé pour son office.

Mais il faut y conduire les eaux, et là se rencontrent à surmonter des résistances de deux ordres, celles de la nature et celles de l'opinion.

Les premières ne sont rien, l'art des ingénieurs et les finances de la ville en viendront facilement à bout; mais l'opinion, c'est une autre chose. Quand tous les intérêts qui se croient compromis font tous leurs efforts pour la fausser en exagérant les inconvénients qui peuvent se rattacher au projet à réaliser, et en dissimulant ou même en contestant ses avantages, ce n'est pas de trop de tous les efforts de la science pour contrebalancer ces influences et amener les esprits à une saine vision des choses.

Eh bien, messieurs, si, en présentant à l'Académie les trois volumes de documents sur l'assainissement de la Seine, j'ai rappelé les faits qui étaient contradictoires de la doctrine épousée par M. Gueneau de Mussy et soutenue par lui avec cet amour jaloux et irritable dont il a fait preuve dans l'avant-dernière séance, c'était, je l'avoue, de propos très-délibéré. J'espérais bien que la balle que je lançais serait prise au bond par M. Gueneau de Mussy, et qu'ainsi serait introduit devant vous un débat qui ne s'est pas engagé quand il vous a fait sa première communication sur le rôle des égouts comme chemins de propagation des contagions. Quoique je n'aie personnellement aucune opinion à exprimer sur la réalité de ce rôle et sur son étendue, je puis bien dire, en circonscrivant la question à l'influence des émanations des eaux d'égout, que la démonstration ne m'a pas paru faite que ces émanations servissent de véhicule aux contagions et que, dès maintenant, on dût considérer comme une chose définitivement acquise les propriétés contagifères des effluves odorants qui s'échappent par les bouches d'égout.

Les motifs de mes doutes, je viens de les formuler, et je répète, en terminant, que dans l'état actuel de la question clinique et expérimentale, on n'est pas autorisé à affirmer, à Paris surtout, où le curage des égouts se fait avec tant de soin, que les eaux de ces égouts laissent dégager des vapeurs chargées de matières contagieuses.

Les eaux d'égout sont, par elles-mêmes, un assez grand embarras sans qu'on vienne augmenter les difficultés de la situation par des affirmations qui ne sont pas suffisamment autorisées par les faits et qui n'ont pas été soumises au contrôle de l'expérimentation dans la mesure où elle est possible, et cette mesure, je crois l'avoir indiqué, est assez grande ici.

Gardons-nous, messieurs, de jeter la terreur dans les esprits sans y être autorisés par des preuves certaines et d'augmenter ainsi les difficultés que l'on rencontre à conduire à bonne fin la grande entreprise, si utile pour tous à tous les points de vue, de l'assainissement de la Seine.

www.ingramcontent.com/pod-product-compliance
Lightning Source LLC
Chambersburg PA
CBHW060455050426
42451CB00014B/3333